¡Se mi Valentín! Yo soy el tuyo.
Apreciémonos con alegría.

El brillo de nuestro amor es eterno
y nos ilumina con facilidad
para poder disfrutarlo.

La magia es lo que creamos mientras
nuestro amor crece.

Eres todo lo que deseo y siempre soñe
mi amor.

SE MI VALENTÍN

Espacio Para Mensaje Personalizado

Se Mi Valentín: Un Poema de Amor

COLECCIÓN DE POESÍA I

Escrito por Macarena Luz Bianchi

Diseñado por Carolina Gabela

Para recibir un libro electrónico gratis, contenido exclusivo, más maravillass, bienestar y sabiduría, suscríbete al boletín *Lighthearted Living* en MacarenaLuzB.com y mira sus otros poemas, libros y proyectos.

ISBN: Tapa Dura: 978-1-954489-34-9 | Tapa Blanda: 978-1-954489-35-6

Imprint

Spark Social, Inc. es una imprenta en Miami, FL, USA, SparkSocialPress.com

Información sobre pedidos: Hay licencias disponibles, libros personalizados y descuentos especiales en las compras de cantidades. Para más detalles, póngase en contacto con la editorial info@sparksocialpress.com.

SE MI VALENTÍN

Un Poema de Amor

COLECCIÓN DE POESÍA

Macarena Luz Bianchi

Imprint
Spark Social Press

Vibrante y romántico, celebramos

nuestra hermosa conexión.

Divertidos, agradecidos y

llenos de atracción y afecto.

Afortunados en el amor y

rebosantes de risas contagiosas.

Nos complementamos y

creamos lo eterno juntos.

Renovados e inspirados

cada mañana.

Juntos somos mejores,

como individuos

brillamos y crecemos también.

Juntos somos dos pilares de luz

que se entrelazan para brillar más.

Nunca dudes del poder

de nuestro amor,

Hasta el infinito y más allá.

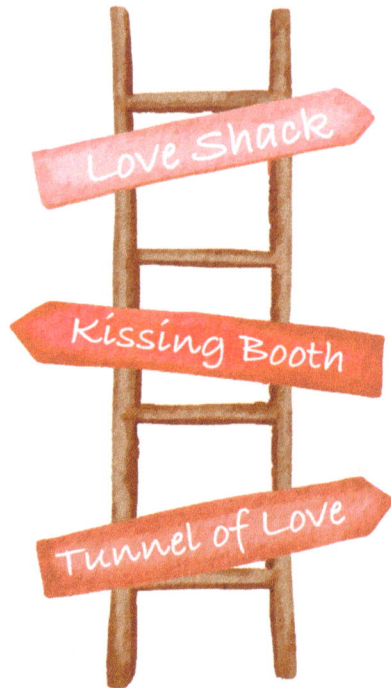

Love Shack

Kissing Booth

Tunnel of Love

Cada momento que compartimos es

Como el día de San Valentín.

¡¡Para adorarnos completamente,

para siempre!!

♡

B.E. M.Y. V.A.L.E.N.T.I.N.E.
A POEM OF LOVE

Be mine, my Valentine! I'm yours. Let's cherish each other with joy.

Everlasting glow elevated with ease and ecstasy for us to enjoy.

Magic is what we create as our love grows.

You are all I desire and ever dreamed of, my love.

Vibrant and romantic, we celebrate our exquisite conscious connection.

Amused, appreciative, and filled with attraction and affection.

Lucky in love and overflowing with luminous laughter.

Enchanting empowerment, we create everlasting.

New, nourished, and nurtured each morning after.

Together we are better, like two pillars of light that intertwine to shine brighter.

Individually illuminating and improving independently, as well.

Never doubt the power of our love, to infinity and beyond.

Each moment we share is like Valentine's Day. Be mine. I'm yours. We'll cherish each other completely, evermore. ♡

SE MI VALENTÍN
UN POEMA DE AMOR

¡Sé mí Valentín! Yo soy el tuyo. Aprecíemonos con alegría.

El brillo de nuestro amor es eterno y nos ilumina con facilidad

para poder disfrutarlo.

La magia es lo que creamos mientras nuestro amor crece.

Eres todo lo que deseo y siempre soñé, mi amor.

Vibrante y romántico, celebramos nuestra hermosa conexión.

Divertidos, agradecidos y llenos de atracción y afecto.

Afortunados en el amor y rebosantes de risas contagiosas.

Nos complementamos y creamos lo eterno juntos.

Renovados e inspirados cada mañana.

Juntos somos mejores, como individuos brillamos y crecemos también.

Juntos somos dos pilares de luz que se entrelazan para brillar más.

Nunca dudes del poder de nuestro amor, hasta el infinito y más allá.

Cada momento que compartimos es como el día de San Valentín.

¡¡Para adorarnos completamente, para siempre!! ♡

Thank you, Dear Reader!

Get Inspired & Stay Connected

To receive a free ebook, exclusive content, more wonder, wellness, and wisdom, sign up for her Lighthearted Living e-newsletter at MacarenaLuzB.com and check out her other poems of self-expression, books, and projects. ✨

Your Feedback is Appreciated

If you like this book, please review it to help others discover it. If you have any other feedback, please let us know at info@macarenaluzb.com or via the contact page at MacarenaLuzB.com. We would love to hear from you and know which topics you want in the next books. 🌷

About the Author

Macarena Luz Bianchi has a lighthearted and empowering approach and is affectionally considered a Fairy Godmother by her readers. Beyond her collection of gift books and poems, she writes screenplays, fiction, and non-fiction for adults and children. She loves tea, flowers, and travel.

Subscribe to her *Lighthearted Living* newsletter for a free ebook and exclusive content at MacarenaLuzB.com and follow her on social media. 💗

Macarena Luz Bianchi

Gift Book Series

ACRONYM POETRY COLLECTION

- *Anniversary: A Poem of Affection*
- *Congratulations: A Poem of Triumph*
- *Friendship: A Poem of Appreciation*
- *Happy Birthday: A Poem of Celebration*
- *Intimacy: A Poem of Adoration*
- *Sympathy: A Poem of Solace*

With more to come including: *Encouragement, Graduation*, and so on.

POETRY COLLECTION

- *Glorious Mom: A Poem of Appreciation*
- *Gratitude Is: A Poem of Empowerment*
- *Gratitude Is: Poem & Coloring Book*
- *The Grateful Giraffes: What is Gratitude?*

Also available for children and in Spanish:
Colección de Poesía I.

www.ingramcontent.com/pod-product-compliance
Lightning Source LLC
Chambersburg PA
CBHW042335030426
42335CB00027B/3347